DISCOURS

PRONONCÉ

DANS L'ÉGLISE DITE DES JACOBINS, LE 23 MAI 1878

DISCOURS

PRONONCÉ

DANS L'ÉGLISE DITE DES JACOBINS, LE 23 MAI 1878

INAUGURATION

DU MONUMENT

Élevé par l'Association des anciens Élèves du Lycée de Toulouse

EN L'HONNEUR DE LEURS CAMARADES

Morts en 1870-71, pour la défense de la Patrie.

DISCOURS

PRONONCÉ

DANS L'ÉGLISE DITE DES JACOBINS, LE 23 MAI 1878

Par P.-H. DUNAND

Aumônier du Lycée, Chanoine honoraire.

TOULOUSE
IMPRIMERIE DOULADOURE
Rue Saint-Rome, 39

1878

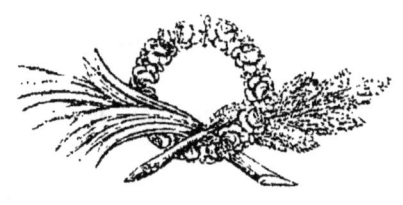

AUX CAMARADES

MORTS POUR LA PATRIE

1870-71

L'ASSOCIATION DES ANCIENS ÉLÈVES
DU LYCÉE DE TOULOUSE

BENECH (Louis), lieutenant au 8e d'artillerie (Champigny, 30 novembre 1870).

BERTHOUMIEU (Gabriel), mobile de la Haute-Garonne (Défense de Belfort).

BRESSOLLES (Numa), lieutenant au 4e zouaves (Champigny, 30 novembre 1870).

Comte d'ESPARBÉS DE LUSSAN (Emmanuel), lieutenant d'artillerie de la garde (Gravelotte, 16 août 1870).

GREGORY (Dominique), avocat, volontaire au 35e de ligne (Chevilly, 30 septembre 1870).

GAUBERT (Jean), mobile de la Haute-Garonne (Défense de Belfort).

LACAUX (Emile), mobile de la Haute-Garonne (Défense de Belfort).

MARTY (Michel), mobile de la Haute-Garonne (Défense de Belfort).

PÉLEGRIN (Alexandre), lieutenant au 41e de ligne (Le Mans, 11 janvier 1871).

PUJOL (Jules), lieutenant au 23e de ligne (Wissembourg, 5 août 1870).

PLONQUET (Charles), lieutenant d'artillerie de marine (Siége de Paris).

ROUSSE (Rodolphe), volontaire aux zouaves de la garde (Champigny, 30 novembre 1870).

SARRAILH (Abel), lieutenant au 12e bataillon de chasseurs (Gravelotte, 16 août 1870).

HAROLD de SUZE, zouave dans la légion de Charette (Patay).

JALLABERT (Eugène), lieutenant d'infanterie (Reischoffen).

LELASSEU, officier d'état-major (Défense de Metz).

Inspice et fac secundum exemplar quod tibi monstratum est.

Regardez, et agissez conformément au modèle qui vous a été montré.

Exode, xxv, 40.

Messieurs,

Il y a quelques années, dans l'ancienne chapelle de cet établissement, un service funèbre se célébrait en l'honneur des élèves du Lycée morts pour la défense de la patrie. Rien, avons-nous ouï dire, ne manqua de ce qui pouvait rehausser l'éclat de cette triste solennité; ni le concours d'une assemblée nombreuse dans les rangs de laquelle maîtres, parents, condisciples, amis confondaient leur douleur, ni la parole d'un orateur (1) que ses rares qualités de cœur et d'esprit désignaient autant que les fonctions qu'il remplissait alors, pour présenter à un auditoire ému les titres de ces nobles jeunes gens à son admiration et à son souvenir.

Mais la pensée qui inspirait ce solennel hommage n'y devait pas trouver sa complète expression. Dans les graves circonstances que traversait notre pays, en face d'un avenir qui, au regard le plus confiant, n'apparaissait que couvert d'un voile sombre, il fallait quelque chose de plus durable que la pâle clarté des torches funéraires, quelque chose de plus durable et de plus éloquent tout ensemble que le spectacle de trophées dressés pour un jour. Il convenait que de sacrifices si généreusement accomplis se dégageât une leçon qui ne fût jamais oubliée et qui, pareille au flambeau des coureurs antiques, se transmît tour à tour aux générations qui viendraient dans ces murs s'initier aux secrets de la science et se former à la pratique du devoir.

Vous l'aviez ainsi entendu, anciens élèves du Lycée de Toulouse. C'est pourquoi, dès que vous avez eu fondé votre association fraternelle, l'une de vos premières préoccupations a été de mettre dans

---

(1) Mgr Goux, alors aumônier du Lycée de Toulouse, aujourd'hui évêque de Versailles.

un relief ineffaçable le magnanime exemple de vos jeunes camarades. Par vos soins pieux le marbre a reçu leurs noms, immortels désormais dans cette maison comme dans vos cœurs. Là ne s'est point bornée votre touchante sollicitude. Afin que cette glorieuse page de votre Livre d'or ne se déroulât qu'en présence d'une assemblée digne d'ajouter à l'éclat dont elle brille, vous avez convié à votre réunion de famille ce que l'armée, la magistrature, le clergé, l'administration, comptent dans cette ville de représentants éminents, ce que Toulouse elle-même compte de citoyens distingués; et il a été si bien répondu à votre appel que cette fête ressemble moins à une fête domestique qu'à une fête intéressant la cité tout entière.

Les voilà donc maintenant ces noms offerts à vos regards, rappelant à tous la leçon et l'exemple, disant à tous avec une sublime simplicité : « Regardez bien, et, s'il le faut, suivez l'exemple qui vous a été donné. *Inspice et fac secundum exemplar quod tibi monstratum est.* » Les voilà confiés à ces vieilles murailles pour qui ce qui est grand et beau n'est pas chose inconnue, et qui, si elles prenaient la parole, auraient elles aussi à nous entretenir de bien des dévouements obscurs, à nous révéler bien des héroïsmes silencieux. Les voilà mis sous la sauvegarde de ce temple élevé à la gloire de Dieu par la foi de nos pères, et naguère rendu au culte catholique par une administration trop soucieuse de ce qui fait la grandeur et la force morale de la patrie pour ne pas traiter la religion avec le respect qui lui est dû. Les voilà placés non loin de cet autel où tout à l'heure va couler le sang de la victime sans tache et se renouveler le sacrifice qui a sauvé le genre humain.

Qu'il me soit permis ici, Messieurs, de vous féliciter de cette pensée et de cette initiative. C'est vous qui avez désigné cette place; c'est vous qui l'avez préférée à toute autre. En cela vous avez été heureusement inspirés, et aucune autre, en vérité, ne pouvait être mieux choisie. Ne convenait-il pas, en effet, que le monument destiné à perpétuer le souvenir de vos condisciples morts au champ d'honneur, fût abrité sous les voûtes qui couvrent cet autel aux pieds duquel nous venons chaque semaine contempler le sacrifice le plus saint qui ait été accompli dans le monde; cet autel, véritable chaire d'où l'Homme-Dieu nous prêche avec une autorité souveraine cette science sacrée de l'abnégation et du dévouement sans laquelle ni peuples ni individus ne sauraient être capables de grandes choses.

Ils étaient assidus à cette divine Ecole, les braves jeunes gens dont nous célébrons la mémoire. Agenouillés devant la table eucharistique, ils s'y sont nourris bien des fois de cet aliment céleste que l'Ecriture, en son admirable langage, appelle le pain des forts. Aussi, le moment venu de mettre leur force d'âme à l'épreuve, tous étaient prêts, et ceux qui, appartenant à l'armée, y occupaient déjà des grades conquis par le mérite et le travail, et ceux que leurs études inachevées, ou leur trop grande jeunesse, ou des devoirs d'une autre nature retenaient auprès de leurs familles. S'arrachant aux embrassements de leurs mères et de leurs sœurs, à l'étreinte de leurs amis, ceux-là se rendent au poste de combat qui leur est assigné, ceux-ci sollicitent comme une faveur le droit de prendre place dans les rangs des défenseurs du pays.

Mais d'où naît cet empressement, Messieurs ? Que s'est-il donc passé et qu'y a-t-il d'extraordinaire ?

Ce qu'il y a d'extraordinaire, ce qu'il y a d'inouï, ce sont les malheurs qui viennent de fondre sur la France. Hélas ! sa vieille gloire est obscurcie, ses frontières ont été violées, ses provinces envahies ; ses fils jonchent de leurs cadavres les champs de bataille, ou en sont réduits à manger le pain amer de la captivité dans les forteresses de l'étranger. En présence de ces terribles événements qui se succèdent avec une rapidité foudroyante; devant les angoisses de la patrie vaincue, de la patrie menacée, de la patrie en péril, qui donc n'aurait senti son cœur frémir dans sa poitrine et, comme les Machabées, ces héros des temps antiques, ne se serait écrié : « Quoi! nous verrions nos pères égorgés, le sol de nos aïeux foulé par l'invasion, et nous resterions là calmes et tranquilles? Mais de quel prix la vie nous serait-elle dans ces conditions? *Ut quid natus* (1) *sum videre contritionem populi, et sedere illic, cum datur in manibus inimicorum? Quo ergo nobis adhuc vivere?* » Il y avait trop de flamme au cœur de nos généreux enfants pour qu'ils n'éprouvassent pas ces sentiments, et qu'ils ne missent pas sur-le-champ au service du pays leurs bras et leur vie.

Ah! sans doute, à cet âge où tout sourit, dans ces premières années de la jeunesse où tout est rayons, fleurs et parfums, ils ne pourront s'empêcher de considérer avec tristesse les biens dont ils vont se séparer. Qui nous assurera que la perspec-

---

(1) I Machab. II, 7.

tive séduisante d'un long et brillant avenir, la riante image du bonheur rêvé, préparé, à la veille de devenir une réalité, ne se sont pas jetées à l'encontre de leur mâle dessein? Ces luttes poignantes, ils ont eu peut-être à les soutenir. C'est peut-être la rudesse d'un assaut de ce genre qui les conduit aux pieds de leurs vénérables aumôniers pour leur demander un dernier encouragement et recevoir d'eux une dernière bénédiction.

Ce qui est certain, Messieurs, c'est que l'issue de ce combat est tout à l'honneur de nos jeunes gens, et qu'ils en sortent fermement décidés à remplir jusqu'au bout ce qu'ils considèrent comme le plus glorieux des devoirs. Aussi voyez-les accourir partout où le danger les réclame. Voyez-les arroser de leur sang chacune des étapes de cette voie douloureuse qui commence à Wissembourg et aboutit à Belfort. Leur grande ambition est de se montrer les dignes enfants de cette France si malheureuse, et d'autant plus aimée. Pour ne pas donner à l'ennemi la satisfaction de le voir reculer, l'un d'entre eux se fait tuer à Gravelotte, sur la pièce dont il dirigeait le feu. Un autre mortellement blessé dans cette même journée, et abandonné vingt-quatre heures sur le champ de bataille, ne recouvre ses sens, ô douleur! que dans une ambulance ennemie, et il y expire loin de ses parents, loin de ses amis, loin de ses camarades, après quinze jours de cruelles souffrances.

Abel Sarrailh, d'Esparbès de Lussan, que la terre où vous allez dormir votre dernier sommeil vous soit légère ! C'est encore la terre de votre chère et douce France. Depuis, le talon du vainqueur l'a marquée de sa brutale et orgueilleuse empreinte. Mais vous nous la garderez, n'est-ce pas ? Elle ne peut pas ne pas être française, la terre où avec tant d'autres reposent vos vaillants cœurs ! Vous nous la garderez et, quand il le faudra, vous nous la rendrez. Oh ! de quels transports vous serez pénétrés quand se lèvera le jour où, ramenant sur le sein palpitant de la patrie ces absents qu'elle aura si longtemps pleurés, vous lui ferez entendre les paroles du retour : O mère, ô mère, ouvre tes bras, ceux que tu pleurais, les voici : ils sont toujours, ils sont tous tes enfants !

Nous ne saurions oublier, Messieurs, ce jeune homme que les sciences historiques, en dehors des fonctions qui le rattachaient au ministère de l'intérieur, semblaient occuper exclusivement. A la nouvelle de nos premiers désastres, Dominique Grégory comprend cependant qu'il y a mieux à faire qu'à poursuivre les investigations patientes desquelles il attendait comme récompense la réputation, et peut-être la gloire ; il y a un grand exemple à donner, une gloire plus radieuse à conquérir. L'exemple, il le donne aussitôt : le 35ᵉ de ligne le reçoit dans ses rangs à titre de volontaire. Cette gloire plus radieuse, il ne l'attend pas longtemps. Au combat de Chevilly, sous les murs de la capitale assiégée, une balle lui traverse la poitrine. Le pays compte un héros de plus, le ciel un triomphateur et un martyr.

C'est également pendant le siége de Paris que nous fut enlevé un autre brillant élève du Lycée, élève plus brillant encore de l'Ecole polytechnique où il était entré et où il s'était maintenu dans un rang des plus distingués. A l'affaire de Champigny, un de ses chefs lui ordonnant d'exécuter sous le feu de l'ennemi, sans appui ni protection d'aucune sorte, un mouvement plus inutile encore que téméraire, Louis Bénech crut devoir faire observer que ce mouvement exécuté dans de semblables conditions n'atteindrait pas le but proposé. — Auriez-vous peur, par hasard, jeune homme, lui fut-il répliqué ? — Non, je n'ai pas peur, répondit simplement le jeune officier d'artillerie. Je n'ai pas peur, et vous allez le voir.

Aussitôt, faisant avancer sur le plateau qui s'étend à découvert devant lui les canons qu'il commande, il s'occupe de les mettre en batterie. Le calme qu'il déploie au milieu de l'ouragan de fer qui balaie le terrain, est si beau qu'il arrache à ses camarades et à ses chefs un cri d'admiration : on n'eût pas opéré avec plus de sang-froid sur un champ de manœuvres. Il était en train de pointer lui-même une des pièces, lorsque, frappé d'une balle en plein front, il tomba foudroyé.

Vers ces mêmes jours, un sous-lieutenant, qui avait réussi à échapper aux Prussiens dont il était prisonnier, venait se mettre à la disposition du ministre de la guerre. Envoyé à Rodez, où était le dépôt de son régiment, Alexandre Pélegrin ne put se résigner à rester le sabre au fourreau tandis que ses camarades se battaient. A force d'instances il obtint l'autorisation d'aller rejoindre l'armée de la Loire. C'est dans le cours de cette campagne qu'il écrivait à sa famille ces courtes et admirables paroles : « La nuit dernière j'ai fait un beau rêve. Nous chargions à la baïonnette. J'y étais blessé et au premier rang. J'espère, ajoutait l'héroïque jeune homme, que mon rêve sera réalisé. » Ses espérances, Messieurs, ne furent pas déçues : elles furent même dépassées. A l'un des combats livrés autour du Mans, il était au premier rang, en tête de sa compagnie, qu'il entraînait baïonnette en avant à l'assaut d'une position ennemie, lorsque, mortellement atteint, il tomba pour ne plus se relever.

Vous disiez vrai, jeune homme, quand vous écriviez à vos sœurs, quelques jours auparavant : « Jamais le danger ne verra faiblir nos âmes; car la mort, c'est pour nous l'immortalité. » Oui, votre âme n'a point faibli; elle a grandi, au contraire, devant le danger, et grandi jusqu'à l'héroïsme. Oui, la mort, pour vous, c'est l'immortalité; l'immortalité sur la terre et l'immortalité dans les cieux : sur la terre, car vous vivrez dans la mémoire de vos concitoyens; dans les cieux, cette patrie des âmes, car Dieu, qui ne laisse pas sans récompense le verre d'eau froide donné au pauvre, saura bien récompenser à sa valeur le sang versé pour la défense du pays.

Il n'avait pas non plus faibli devant le danger, ce jeune Harold de Suze, que l'élévation de ses sentiments, encore plus que de nobles amitiés, attira dans ce corps des zouaves, dont le souvenir est inséparable du nom deux fois glorieux de Patay. Blessé grièvement par un éclat d'obus, il fut transporté dans une ferme voisine. Deux jours après il y expirait, soutenu et consolé par l'ardente foi chrétienne, qui, comme le culte de l'honneur, était héréditaire dans sa famille.

Nous ne vous demanderons pas si vous êtes restés à la hauteur de vos camarades, jeunes élèves (1) à qui un trépas plus obscur était réservé. Les champs ensanglantés de Wissembourg, Forbach, Reischoffen, Servigny et Belfort sont là pour attester que vous avez fait noblement votre devoir. A défaut de détails, nous savons, et cela nous suffit, que vous avez été frappés comme il convient à des braves : en face et le visage tourné vers l'ennemi.

Vos familles n'ont pu recueillir vos tristes restes, ni contempler une dernière fois vos traits chéris.

---

(1) Berthomieu, Bressolles, Gaubert, Marty, Pujol, Jallabert, Lacaux, Plonquet, Lelasseu, Rousse, Vié.

Le Secrétariat de l'Association n'a pu recueillir aucun renseignement sur les circonstances qui ont accompagné la mort de ces élèves.

Elles n'ont pas eu la consolation d'aller pleurer et prier sur vos tombes. Mais elles n'ignorent pas, et cette consolation en vaut bien une autre, qu'elles ont le droit d'être fières de vous, car vous êtes morts, non comme meurent les lâches, mais comme savent mourir des chrétiens et des Français, comme meurent les hommes de cœur, les hommes vraiment dignes de ce nom. « *Nequaquam* (1) *ut mori solent ignavi mortui sunt..... : sed sicut solent cadere coram filiis iniquitatis, sic corruisti.* »

Ah! daigne le Dieu de toute justice bénir ces magnanimes exemples! Que les gouttes de ce sang généreux fécondent le sol pour lequel il a été versé, et fassent sortir de ses entrailles des hommes vraiment dignes, eux aussi, de ce nom, des hommes prêts à tous les sacrifices et capables de tous les dévouements!

En exprimant ce vœu, Messieurs, je suis assuré d'être à l'unisson de vos cœurs. Ce serait vous faire injure que d'expliquer cette solennité par l'unique dessein de donner à vos concitoyens un

(1) II Reg. III, 33.

vain et bruyant spectacle. Vos pensées se sont portées plus haut. Vous avez obéi à la conviction profonde qu'en agissant de la sorte, vous concouriez pour une part réelle à cette œuvre du relèvement de nos forces nationales, objet de toutes les préoccupations et de tous les efforts. Et comme, pour mener à bonne fin cette œuvre laborieuse, pour en arriver à cicatriser les blessures saignantes de notre chère patrie, et à la mettre à même de reprendre dans le monde le rang qui est le sien, ce qu'il nous faut avant tout, ce sont des hommes, vous avez conçu à bon droit l'espérance qu'une fête semblable raviverait dans les âmes la flamme du patriotisme et y fortifierait les résolutions viriles.

Assurément, il est beau de voir une nation aussi éprouvée que la nôtre faire magnifiquement aux visiteurs accourus dans sa capitale des contrées les plus diverses, les honneurs d'une exposition destinée à montrer que l'heure des funérailles n'est pas encore sonnée pour le génie de la France. Il nous est permis de considérer, avec une juste fierté, cette preuve que nous donnons de notre vitalité, de la richesse de notre sol, de l'esprit d'ordre, d'économie, de sagesse qui anime nos populations. Nous pouvons ressentir une légitime complaisance à signaler la place qu'a prise à côté de ces deux passions de l'éloquence et des choses de la guerre, *rem militarem et argute loqui*, que nous avons reçues en héritage de nos aïeux, une passion plus jeune, la passion de la science, du travail, de l'industrie et des arts. Mais il ne suffirait certes pas à la gloire que vous ambitionnez, que nous ambitionnons tous pour notre pays, que l'étranger, en mettant le pied sur cette terre de France, la saluât par le vers du poète: *Salve, magna parens frugum!* s'il n'ajoutait aussitôt : *Magna virum!* Salut, terre riche et féconde, féconde surtout en hommes !

Mais qu'est-ce qui fait l'homme, dans la haute acception du mot? N'est-ce pas le pouvoir de se commander à soi-même et d'en disposer pleinement, le pouvoir de se donner au besoin et de se dévouer sans réserve? Serait-il bien possible d'en douter au milieu des souvenirs que nous évoquons? La conduite des jeunes gens auxquels nous rendons hommage, n'est-elle point la preuve vivante de cette vérité, que les citoyens qui n'en viennent pas à ressentir le contre-coup des malheurs du pays au point d'être prêts à renoncer aux plaisirs, aux commodités de la vie de chaque jour, et à se sacrifier s'il le faut tout entiers, ces citoyens n'ont pas en eux cette virilité morale qui seule fonde et perpétue les grandes nations. Il y a là une qualité, je me trompe, une vertu maîtresse à laquelle les dons les plus charmants ne sauraient suppléer. Si nous en étions dépourvus, il ne nous servirait de rien de nous bercer au murmure flatteur des louanges d'autrui et de nos propres louanges ; la voix sévère de la postérité nous renverrait la réponse que faisaient à Solon les prêtres de la vieille Egypte : « O Athéniens, vous croyez être des hommes, vous n'êtes que des enfants. »

Mais non, cela ne sera pas. Et savez-vous, Messieurs, quel est le motif principal de ma confiance ? C'est qu'avec le Christianisme nous avons présente au sein de notre société une école de sacrifice et d'abnégation, dont l'enseignement ne pèchera jamais, ni par défaut de grandeur, ni par défaut de puissance persuasive. D'un autre côté, il n'y a pas à craindre que les disciples manquent à cette école, pour qui voudra bien tenir compte de la part importante faite à son enseignement dans les établissements publics ouverts à l'éducation de la jeunesse. Et n'êtes-vous pas autant de disciples de cet enseignement divin, élèves du Lycée ? Si nous invoquions votre témoignage, vous diriez que vos excellents maîtres n'estiment pas l'œuvre de votre instruction achevée lorsqu'ils vous ont appris à goûter ce que le génie humain a produit de plus exquis en matière de sciences et de lettres. Les fortes leçons de patriotisme et de vertu qu'ils vous donnent et que confirment les grands esprits des siècles écoulés par le commerce de leurs pensées, la religion est invitée à les couronner. Les rares prodiges de dévouement et d'héroïsme que de nobles âmes ont de loin en loin accomplis chez les peuples qui ne sont plus, la religion vous les montre réalisés journellement dans le monde, depuis qu'il s'est renouvelé au souffle de l'esprit chrétien.

Et qu'ils sont puissants, les moyens dont elle dispose pour vous inculquer cette auguste science du sacrifice ! Elle a de grandes pensées à vous inspirer : quoi de plus grand que l'Evangile ? Elle a de sublimes exemples à mettre sous vos yeux : quoi de plus sublime que la vie et la mort du Sauveur Jésus ? Elle a de magnifiques espérances à vous garantir : que comparer à ce poids immense et éternel de gloire que Dieu réserve à ceux qui l'aiment ? Elle a pour vos intelligences avides de repos la vérité complète; pour vos cœurs altérés de bien, les œuvres si consolantes de la charité. Si elle vous parle, elle le fait avec tous les prestiges et toutes les autorités : avec l'autorité du droit; elle vient de Dieu qu'elle représente sur la terre : avec l'autorité de l'expérience et du temps ; elle date du berceau même de l'humanité : avec l'autorité de la science; quel est le nom vraiment grand, le génie vraiment digne d'admiration, qu'elle n'ait pas consacré ? avec l'autorité de l'amour ; le Dieu dont elle plaide la cause vous a aimés le premier, et il vous a aimés jusqu'à s'abaisser, jusqu'à souffrir, jusqu'à mourir pour vous. Pour achever de vous persuader, elle n'a pas recours aux périodes sonores, aux phrases retentissantes. Elle vous présente une croix, et elle vous dit : Regarde ce que ton Dieu a fait pour toi. Te sentirais-tu capable d'en faire autant pour lui? Il a souffert, il est mort pour te sauver, pour sauver les âmes ? Es-tu disposé à souffrir, à mourir pour lui, pour les âmes, pour toutes ces grandes choses qui s'appellent l'honneur, la conscience, la famille, la patrie ? Il a versé pour les hommes et pour toi tout le sang de ses veines. Verserais-tu, s'il le fallait, pour tes frères et pour Dieu, jusqu'à la dernière goutte du tien ? Oui, n'est-ce pas ? Alors va, et agis conformément à l'exemple que tu as sous les yeux. *Inspice et fac secundum exemplar quod tibi monstratum est.*

Que penser après cela, Messieurs, de ces esprits inquiets qui voudraient soustraire à l'influence chrétienne l'éducation des générations à venir ? Ont-ils exactement pesé ce qu'il reste de l'homme quand il n'y a pas en lui la sainte passion du sacrifice ? Ont-ils mesuré le vide que creuserait la disparition soudaine d'un enseignement fondé sur l'autorité et l'exemple d'un Dieu? O rêveurs imprudents qui, en définitive, n'aboutissez qu'à désunir, quand nous avons tant besoin d'union et d'apaisement, estimez-vous que ce soit trop du concours de toutes les forces morales du pays pour lui rendre sa grandeur première ? Et puis, avez-vous jamais mis la main à cette entreprise délicate, difficile, quoi qu'il vous en semble, de la formation d'un homme ? Avez-vous fait vos preuves en matière d'éducation sociale ? Où sont les peuples que vous avez arrachés à la barbarie, façonnés et introduits dans les voies ignorées de la civilisation ? Ces peuples, comment les montreriez-vous, puisque vous n'êtes que d'hier ? Eh bien ! ce que vous n'avez pas fait, vous hommes d'un jour, l'Eglise l'a fait, elle qui compte près de dix-neuf siècles d'existence, et ce qu'elle a fait, elle ne cessera de le faire dans cet avenir dont la possession lui est assurée.

Au milieu d'une époque réputée l'une des plus brillantes qu'il y ait eu dans l'histoire, celui qu'on a appelé le dernier des Romains, vaincu dans les champs de Philippes, se déchirait les entrailles et expirait en s'écriant : Vertu, tu n'es qu'un nom ! Peu de temps après, dans la ville de Jérusalem, le représentant du peuple-roi demandait à Jésus-Christ que les Juifs venaient de traîner à son tribunal : Qu'est-ce donc que la vérité ? et il se retirait sans prendre la peine d'attendre la réponse. Voilà donc où avaient abouti dix siècles de sagesse et de civilisation purement humaine, à ne voir dans la vertu, dans l'héroïsme, dans le sacrifice qu'un nom, et dans la vérité qu'un beau thème d'amplification pour les sophistes et les déclamateurs !

Heureusement que le dernier mot des Brutus et des Pilate n'était pas le dernier mot de Dieu. Entre ces deux paroles, de merveilleuses choses avaient été dites. Les échos du lac de Génézareth avaient répété les béatitudes, cette déclaration des droits des pauvres, des malheureux, des opprimés tels que Dieu les entend, et tels qu'il va les revendiquer désormais. Ces mêmes échos avaient retenti du *sermon sur la montagne*, cette autre déclaration des droits de la charité, de la chasteté, de la justice, tels qu'ils devaient s'affirmer et triompher parmi nous. Dès ce moment, ces grands principes que le monde païen avait méconnus, profanés, foulés aux pieds, la vérité, la chasteté, la charité, la justice, la liberté, se lèvent comme autant de soleils radieux sur l'horizon des âmes pour ne plus le quitter.

J'ai nommé la liberté, Messieurs. Il serait étrange, en effet, qu'une religion dont le programme était aussi vaste et aussi grandiose que celui de la religion chrétienne n'eût pris aucun souci d'une chose dont le nom revient si souvent, et de nos jours plus que jamais, dans la mêlée des agitations humaines. Nous oublions trop facilement qu'avec toutes les vérités nécessaires à la régénération morale des sociétés, le Christianisme portait dans ses flancs la liberté du monde. Et quelle autre voix que la sienne a proclamé la liberté dans toute son étendue, la liberté de Dieu et celle des âmes, la liberté des nations et celle des individus? Ce n'est pas à lui qu'on reprochera de chercher à s'emparer de l'homme en flattant ses instincts grossiers et en brisant les barrières qui gênent ses coupables convoitises. Il ne l'assimilera pas à la pure matière. Il ne lui dira pas : Tu es grand parce que tu es une machine merveilleuse, plus redoutable, plus puissante, malgré ton apparente faiblesse, que les êtres organisés qui sont autour de toi. Tu es grand parce que, plus qu'à aucune autre créature, il t'est facile de fuir la peine, de multiplier les voluptés et d'assouvir tes désirs. Il lui dira : Tu es grand parce que, quoique enchaîné à la matière, tu es au-dessus de la matière ; quoique capable de jouir, tu es appelé à de plus belles et de plus hautes destinées. Tu es grand parce que, ayant à choisir entre les plaisirs et les jouissances d'une part, et les privations, l'exil, la mort, de l'autre, la voix sainte de la conscience t'obligera, sous peine de honte et de déchéance, à préférer sans hésiter le sacrifice au repos. Tu es grand enfin parce que tu es libre, parce que tu es responsable.

N'essayez donc pas de demander à cette religion divine un blanc-seing pour tous les excès accomplis au nom de la liberté. La liberté, telle qu'elle l'entend, n'a rien de commun avec ces hochets qu'on jette aux peuples quand on veut les façonner à la servitude. Pour elle comme pour les sages esprits de tous les temps, la liberté sera le respect de la loi et du droit. Elle précisera davantage et dira : La liberté, c'est le respect de la loi éternelle et de tous les droits. Appuyée sur ce principe comme sur un roc inébranlable, elle revendiquera courageusement le respect du droit partout où elle l'apercevra, du droit du faible comme de celui du fort, du droit du pauvre comme de celui du riche, du droit de vivre comme de celui de se dévouer et au besoin de mourir. A tous, aux sujets et aux souverains, elle ne cessera de rappeler que, quoi que prétende l'arrogance des victorieux, jamais ni devant les contemporains, ni devant la postérité, ni devant les hommes ni devant Dieu, la force ne primera le droit. Et il faudra bien que tôt ou tard on en convienne avec elle, car la cause qu'elle défend, ce n'est pas seulement la cause de la justice et de la vérité, c'est encore la cause non moins sainte de la dignité et de la conscience humaine.

Mais, Messieurs, au lieu de nous laisser aller au cours de ces réflexions, ne serait-il pas plus simple de vous dire : Désirez-vous savoir ce qu'il advient des âmes que la foi chrétienne pénètre profondément, regardez ces jeunes gens que le sort des combats a frappés. Que pouvaient-ils faire de plus que ce qu'ils ont fait ? que pouvaient-ils donner de plus que ce qu'ils ont donné ? La preuve la plus forte d'un amour sincère, a dit le Sauveur, c'est de mourir pour ceux que l'on aime. Ils sont morts pour leur pays ; ils l'aimaient donc d'un sincère amour. Ils lui ont sacrifié leur vie, et ils l'ont sacrifiée dans sa fleur, dans son printemps, sacrifiant, avec tous les biens du présent sur cette terre, toutes les promesses de l'avenir. Quelle puissance mystérieuse avait monté et maintenu leurs âmes à ce ton sublime ? Quelle puissance avait communiqué à leurs cœurs cette trempe d'acier ? Quelle puissance, Messieurs, sinon cette foi, qui, plongeant de son regard dans un monde supérieur, leur découvrait, au-dessus des biens d'ici-bas, d'autres biens, en comparaison desquels toutes les gloires terrestres ne sont qu'ombre et que fumée ? Quelle puissance, sinon cette religion céleste, qui, selon la belle expression de nos saints Livres, fait déborder nos espérances d'immortalité : *Spes... immortalitate plena !*

Ah ! gardez-vous bien, parents, amis, condisciples, de pleurer ces glorieux vaincus. Si, à leur souvenir, vos paupières se mouillent, que vos larmes soient comme les larmes que les premiers chrétiens répandaient sur leurs martyrs, des larmes de joie, de fierté, de confiance : des larmes de joie, car ils ont échangé cette vie de douleurs contre une vie de félicité qui n'aura pas de fin; des larmes de fierté, car il y a quelque sujet de fierté légitime à penser qu'ils ont fait partie de cette vaillante armée qui, si elle n'a pu nous donner la victoire, nous a conservé un bien incomparablement plus précieux, l'honneur; des larmes de confiance, car une semence aussi pure que leur sang produira infailliblement sa moisson et ses fruits.

Restons, Messieurs, sur cette fortifiante pensée, et puisse la bénédiction que le digne (1) représentant

---

(1) M. l'abbé de Pous, vicaire-général, qui représentait Monseigneur l'Archevêque, retenu par le cours de ses visites pastorales.

de notre premier pasteur appellera du ciel dans quelques instants sur ce marbre et sur nous tous, n'être que le gage de ces bénédictions fécondes qui changent la face des choses ! Puisse la jeunesse de nos Ecoles et du pays tout entier n'oublier jamais cette science du sacrifice dont l'enseignement chrétien lui révèle si bien la nécessité et la grandeur ! Puissions-nous tous, quelle que soit la mission qui nous est confiée, après avoir rempli notre devoir sur cette terre, rejoindre dans un monde meilleur ceux que nous avons perdus, et y partager la récompense qui leur a été déjà décernée ! Ainsi soit-il.

Toulouse, Imprimerie Douladoure.

www.ingramcontent.com/pod-product-compliance
Lightning Source LLC
Chambersburg PA
CBHW060716050426
42451CB00010B/1479